레밍 딜레마

The Lemming Dilemma

Learning Fable Series
The Lemming Dilemma

레밍 딜레마

데이비드 허친스 지음 · 김철인 옮김

바다출판사

Original publication information The Lemming Dilemma : Living with Purpose, Leading with Vision
by David Hutchens; illustrated by Bobby Gombert
Copyright ⓒ 2000 by David Hutchens
Illustrations ⓒ Pegasus Communications, Inc.
Korean translation copyright ⓒ 2001 by BADA Publishing Co.
This Korean edition is published by arrangement with Pegasus Communications, Inc.
All rights reserved. No part of this book may be reproduced or transmitted in any form or by any means, electronic or mechanical, including photocopying and recording, or by any information storage or retrieval system, without written permission from the publisher.

이 책의 한국어판 저작권은 Pegasus Communications, Inc.와의 독점계약으로 바다출판사에 있습니다.
저작권법에 의해 한국 내에서 보호를 받는 저작물이므로 무단전재와 무단복제를 금합니다.

차례

1. 레밍의 본능 · 7
2. 에미, 고민에 빠지다 · 17
3. 점프에 반대하는 쥐들 · 29
4. 계곡 저편의 나무 한 그루 · 41
5. 레밍 점프 대축제 · 57

에필로그 · 83

〈레밍 딜레마〉 깊이 읽기 · 90

레밍(lemming) 쥐목 쥣과에 속하는 포유류로, 일명 '나그네쥐'라고도 한다. 주로 스칸디나비아 반도 북부의 툰드라 지역에 서식하는데, 무리가 일정 이상 불어나면 집단을 이루어 일직선으로 이동하여 호수나 바다에 빠져죽는 습성이 있다.
이 작품은 레밍의 이러한 습성에서 아이디어를 얻은 창작우화다.

1

레밍의 본능

레밍입니다.

높은 절벽입니다.

(만일 여러분이 이 절벽이 어디로 향하는지 안다면, 그리고 비위가 약하다면, 아마 다음 페이지를 그냥 건너뛰고 싶을 겁니다.)

아, 이 공포!

그렇습니다. 레밍들은 절벽에서 뛰어내립니다.

왜 레밍들은 절벽에서 뛰어내리는 걸까요?
그 이유에 대해서는 아무도 정확히 모릅니다. 몇몇 할 일 없는 과학자들은 이 문제를 놓고 수십 년 동안 씨름하고 있습니다.

이러한 행동은 본능적인 것일 수도 있고, 그들 사이의 문화적인 것일 수도 있습니다. 이유야 어쨌든 지금도 전세계 수천 마리의 레밍들은 절벽 끝으로 가서 거대한 미지의 세계를 향해 뛰어내리기를 계속하고 있습니다.

레밍들 사이에서 이런 행동은 지극히 정상적인 것입니다.

레밍들은 매년 '레밍 점프 대축제'를 개최합니다. 과학자들도 목격하기가 쉽지 않은 이 축제는 많은 레밍들이 학수고대하는 행사입니다. 댄스 파티, 바비큐 파티, 엘비스 프레슬리 흉내내기 등 다양한 행사가 진행되다가, 대망의 '점프' 시간이 되면 축제는 절정에 달합니다.

레밍들은 왜 자신들이 절벽에서 뛰어내리는지 절대 생각하지 않습니다.

그냥 뛰어내릴 뿐입니다.

에미,
고민에 빠지다

이 레밍의 이름은 에미입니다.

에미는 다른 많은 레밍들과 함께 절벽 가까이에 있는 고무나무 숲에서 자랐습니다.

기쁨과 행복이 가득한 나날이었습니다.

그러나 다른 모든 레밍들이 그렇듯, 에미도 커갈수록 절벽 끝으로의 이상한 이끌림을 느꼈습니다.

다른 레밍들은 다가오는 '레밍 점프 대축제' 때문에 흥분하여 신나게 떠들어댔습니다. 에미의 친구들 상당수도 올해 참가하려고 계획을 세우고 있었습니다.

그러나 에미는 고민에 빠져 있었습니다. 그러던 어느 날, 에미는 점프에 대해 친구들과 이야기해 보기로 결심했습니다.

"우리는 왜 절벽에서 뛰어내리는 거지?"
에미가 친구들에게 물었습니다.

"무슨 말이야, 왜냐니? 우리는 레밍이야.
그건 우리가 당연히 해야 하는 일이라고. 바보 같기는."
에미의 친구들이 대답했습니다.

"그래. 근데 뛰어내리고 난 다음엔 어떻게 되는 건데?"
에미가 계속해서 물었습니다.

"뭔가 좋은 일이 생겨."

"어떤?"

"글쎄 …… 우리는 아직 모르지."
친구들은 머뭇거리며 대답했습니다.

"그럼 그게 좋은 일이라는 걸 어떻게 알아?"
에미는 친구들의 목소리에서 어떤 두려움이 배어나오는 걸 느끼며 집요하게 캐물었습니다.

에미의 친구들은 일제히 입을 다물었습니다.
마침내 한 친구가 대답했습니다.
"좋은 게 틀림없어. 아무도 다시는 돌아오지 않잖아?"

친구들은 모두 그 말에 동의하며 안도감을 느꼈습니다.
"그래, 맞아. 그러니까 이제 이상한 소리는 그만둬."

그러나 에미는 그 대답에 만족할 수 없었습니다.
다음날 에미는 현명한 어른 쥐들과 얘기해보기 위해 찾아갔습니다.

"안녕, 꼬마 아가씨. 무슨 일이니?"
어른 쥐들이 물었습니다.

"레밍들이 왜 절벽에서 뛰어내리는지 알고 싶어서 왔어요."
에미가 대답했습니다.

"왜라……, 너처럼 어린 꼬마 레밍이 하기에는 정말 엄청난
질문이로구나. 절벽에서 뛰어내리는 데 무슨 문제라도 있니?"
그들 중 하나가 안경 너머로 에미를 바라보며 물었습니다.

"글쎄, 그런 것 같진 않아요.
하지만 우리가 왜 그렇게 하는지, 이유를 안다면 한결 좋을 것 같아요."
에미가 대답했습니다.

어른 쥐들은 고개를 끄덕이며 말했습니다.
"바로 그런 문제를 해결하기 위해 우리는 비싼 돈을 주고 한스라는
인간 컨설턴트를 고용했단다. 그는 모든 레밍의 목표를 밝히는
사명문 작성을 돕고 있지."

"안녕!"
한스는 히죽거리며 에미의 손을 잡고 힘차게 흔들어댔습니다.

어른 쥐들은 에미에게 깔끔하게 글씨가 쓰여진 종이 한 장을 건네주며 말했습니다.
"사실 우리는 방금 사명문을 완성했단다. 이거야.
네가 직접 읽어보렴."

그 내용은 다음과 같았습니다.

> **레밍의 사명**
>
> 전사적 품질관리, 초우량, 원원 고객 서비스, 지속적인 개선…… 등등의 극대화, 현실화, 용이화, ××화, ○○화를 추구함으로써 자신의 가치를 높이는 것이 우리 레밍의 목표다.
> 그러나 무엇보다 중요한 것은 '절벽 점프'다.

"그거야. 그게 바로 네 목표야. 그런 질문들에 대한 더 이상의 해답은 없을 거야."
한스는 낄낄대며 어른 쥐들에게 청구서를 내밀었습니다.

가여운 에미는 그 전보다 더 고민에 빠져 그곳을 떠났습니다.

그날 밤, 에미는 절벽 끝으로 가, 그곳에 주저앉은 채 생각에 잠겼습니다. 발 밑으로는 끝없이 깊고 신비한 암흑이 펼쳐져 있었습니다.

내가 뭔가 잘못된 걸까?
왜 난 다른 친구들처럼 절벽에서 뛰어내리는 것에 만족하지 못하는 걸까?
계속 질문을 해대고 다른 뭔가를 원하는 내가 이상한 걸까?

대체, 내가 원하는 건 뭘까?
난 누굴까? 난 왜 여기에 있는 걸까?

에미는 아주 오랫동안 절벽 아래를 바라보며 홀로 그곳에 앉아 있었습니다.

3

점프에 반대하는 쥐들

며칠이 지났습니다.
에미가 큰 고무나무 그늘에서 쉬고 있을 때 '쉿!' 하는 소리가 들렸습니다.

에미가 주위를 둘러보며 말했습니다.
"누구세요?"
에미의 뒤에 같은 또래의 레밍 한 마리가 서 있었습니다.

"안녕, 난 레니라고 해."
레니가 속삭였습니다.

"아, 안녕, 만나서 반가워."
에미는 깜짝 놀라며 대답했습니다.

"쉿! 크게 말하면 안 돼."
레니는 조심스럽게 주위를 둘러보며
말했습니다.

"요점부터 말할게.
네가 이상한 질문들을 하고 다닌다는 얘기를 들었어.
그리고 네가 절벽에서 뛰어내리고 싶어하지 않는다는 얘기도."

"잘 모르겠어. 난 내가 뭘 원하는지 알아내려고 노력 중이야."
에미가 대답했습니다.

"너와 비슷한 생각을 하고 있는 다른 쥐들을 소개시켜줄까?"

"나와 비슷한 생각을 하고 있는 쥐라고?"
에미는 반가워서 물었습니다.

"그래. 절벽에서 뛰어내리기를 원치 않는 쥐들.
날 따라와봐."

이렇게 말하고 레니는 숲 속으로 사라져갔습니다.
에미는 두근대는 가슴을 안고 곧 레니를 뒤따라갔습니다.

레니는 에미를 땅 속의 작은 구멍으로 데리고 들어갔습니다.
짧은 지하 터널을 지나자 곧 작은 동굴이 나왔습니다.
그곳에는 레밍 일고여덟 마리가 둥글게 모여 앉아 있었습니다.

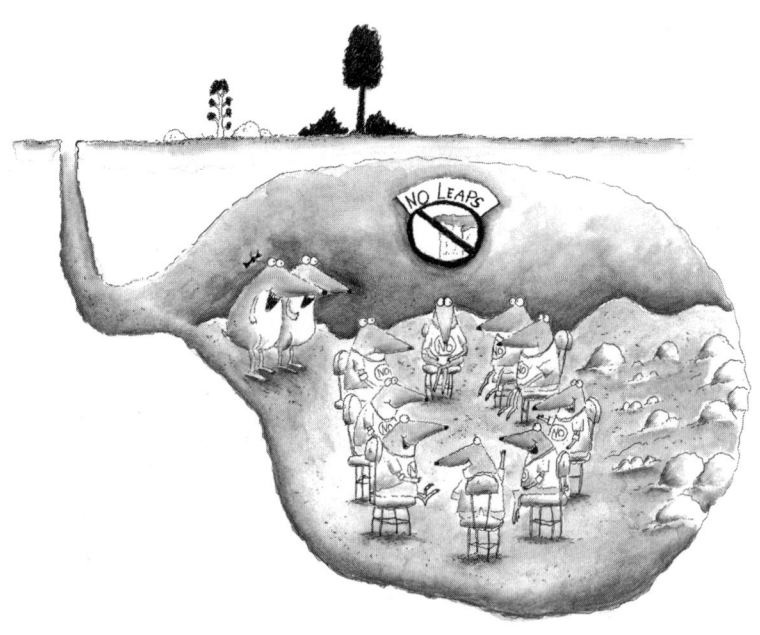

"얘들아, 이 친구는 에미야."
레니가 소개했습니다.

"안녕, 에미!"
모두가 일제히 인사했습니다.

맨 앞에 앉아 있던 레밍이 말했습니다.
"환영한다. 난 플레밍이고, 우리는 '점결연' 이라고 해. '점프를 결사 반대하는 레밍 연대' 의 약자지. 너도 우리 모임에 참가하러 온 거니?"

"글쎄…… 잘 모르겠어. 이 모임의 목표가 뭔데?"
에미가 물었습니다.

"우리의 목표? 우리는 절벽에서 뛰어내리는 걸 원치 않아."
플레밍이 대답했습니다.

"그래, 너희들이 뭘 원하지 않는지는 알겠어. 그럼 …… 너희들이 원하는 건 뭐지?"
에미가 조심스럽게 다시 물었습니다.

"우리가 원하는 건 …… 절벽에서 뛰어내리지 않는 거지."
플레밍은 조금 당황해하며 대답했습니다.

"그렇구나."
에미는 자신의 질문들이 상대방에게 무례하게 보이지 않을까 걱정이 들었습니다.
하지만 뭔가가 에미의 마음에 자꾸 걸렸습니다.
이 모임의 존재 이유는 모두 부정적인 것 같았습니다.
에미는 좀더 긍정적인 목표는 없을까 생각해보았습니다.

숨을 깊이 들이쉬고 에미는 다시 물었습니다.
"그럼, 너희들이 세상에 보탬을 주고 싶거나 만들고 싶은 건 뭐야?"

"우리가 만들고 싶은 건 …… 레밍들이 더 이상 절벽에서 뛰어내리지 않는 사회지."
플레밍은 에미의 계속된 질문이 지겨운 듯 단호히 말했습니다.
"자, 이제 그만 앉아. 우리는 이제 회의를 시작할 거야. 오늘 밤 우리는 '레밍 점프 대축제' 반대시위 계획을 짜야 해."

에미는 레니 옆에 앉았습니다.
에미는 좋은 친구들은 만나게 되어 기쁘기는 했지만, 여전히 혼란스럽고 울적했습니다.

에미가 보기에, 대부분의 레밍들은 자신들이 왜 절벽에서 점프하는지, 왜 존재하는지, 삶에서 이루고 싶은 게 무엇인지 생각해보지도 않은 채 그냥 뛰어내리는 것 같았습니다.

그리고 이 모임의 쥐들은 단지 '그들이 원치 않는 것' 만을 생각하는 것 같았습니다.

에미는 두 가지 삶의 방식 중 뭐가 더 나쁜 건지 알 수 없었습니다.

그 순간 에미는 결심했습니다.
장차 자신이 무엇이 되어야 하며, 어떤 일을 해야 하는지에 대해서 더 이상 다른 이들이 말해주기를 바라며 찾지 않겠다고.

이제 모든 문제는 자기 혼자의 힘으로 해결해가겠다고.

4

계곡 저편의 나무 한 그루

아주 화창한 가을날이었습니다.
이런 날이면 레밍들은 절벽에서 뛰어내리고 싶은 충동을 더욱 강하게 느꼈습니다.

다른 친구들은 함께 모여 즐겁게 놀고 있었지만, 에미는 다시 혼자 절벽 끝에 걸터앉아 건너편을 바라보고 있었습니다.

저 멀리 반대편 절벽 위로 커다란 나무 한 그루가 보였습니다.
에미가 이제껏 봐왔던 어떤 나무보다도 크고 울창했습니다.

'저 너머엔 뭐가 있을까?'
에미는 궁금해했습니다.
'이 초원 너머엔 어떤 세계가 있을까? 그곳에는 어떤 가능성이 있을까?
우리가 지금까지 전혀 보지 못했던 뭔가 새로운 가능성이 있지 않을까?'

"안녕, 에미."
에미는 누군가 뒤에서 부르는 소리를 듣고 돌아보았습니다.

"안녕, 레니."
에미는 놀랍기도 하고 반갑기도 했습니다.

"저번 모임 이후로 몇 주 동안 보지 못했지? 걱정했어."
레니가 말했습니다.

"혼자 생각할 시간을 가졌어."
에미가 자신의 발을 내려다보다 대답했습니다.

"나도 그래. 난 네가 모임에서 했던 질문들을 생각해봤어.
우리의 목표는 무엇이고 우리가 만들고 싶은 건 무엇인지 말이야."

"아, 네 친구들 앞에서 널 당황스럽게 하려고 했던 건 아니야."
에미는 시선을 돌리며 말했습니다.

"아니. 좋은 질문이었어. 지금까지 어떤 레밍도 생각 못했던
질문이었어. 옆에 앉아도 되니?"

"그럼."

레니는 에미 옆에 앉았습니다.
그들은 함께 계곡 저편을 바라보았습니다.

"에미?"
긴 침묵이 흐른 후 레니가 입을 열었습니다.

"응?"

"네 목표는 뭐니?"

에미는 잠시 생각한 후 대답했습니다.

"그건 점프를 하는 것과는 관계가 없어. 점프를 하지 않는 것과도 관계가 없고."

에미는 다시 건너편에 있는 큰 나무를 쳐다보며 말을 이었습니다.

"내 목표는 '질문하기'와 관련이 있는 것 같아. 이를테면 지금 우리가 살고 있는 이 좁은 초원 너머의 더 큰 세상을 바라볼 수 있게 하고, 새로운 존재 방식을 깨닫게 만드는 질문들을 하는 거지.
이유를 설명할 순 없지만, 그게 지금의 내겐 중요해.
아마 그게 내 목표인 것 같아."

"나 자신을 더 잘 알수록 내가 정말 원하는 게 무엇인지도 더 확실해질 거야. 그래서 나는 내가 정말 하고 싶은 것이 무엇인지 스스로에게 묻고 있어. 내 말이 좀 이상하게 들릴 수도 있겠지만……."

"으음…… 그, 그렇구나."
레니는 머리가 좀 아파왔습니다.

"이런 질문들에 대한 답을 찾으려면 시간이 많이 걸릴 것 같아."
에미는 좀 미안한 듯 레니를 바라보며 말했습니다.

레니는 깊은 생각에 잠겼습니다.

"네가 모임에서 그런 질문들을 한 후로 난 내 자신의 목표에 대해서 생각해봤어. 좀 우습게 들릴지도 모르지만, 난 다른 레밍들에게 동기를 불어넣어 주는 강연가가 되고 싶어. 이런 것도 목표가 될 수 있을까?"
레니가 말했습니다.

"모르겠어. 근데 왜 그런 강연가가 되고 싶은 건데?"
에미가 물었습니다.

"다른 레밍들이 절벽에서 뛰어내리는 것을 막고 싶으니까. 아마 그래서인 것 같아."

"그런데 그게 너한테 왜 그렇게 중요한데?"

레니는 묵묵히 앉아 있었습니다.

이러한 대화는 그가 이제까지 해본 것 중 가장 힘든 것이었습니다. 그러나 이런 문제를 이야기하면서, 레니는 뭔가 이상한 힘이 자기 안에서 생기는 것을 느낄 수 있었습니다.
레니는 말을 이었습니다.
"그렇게 해서…… 우리 레밍들이 얼마나 많이 서로 의지하고 있는지, 또 공동체 안에서 어떻게 기쁨을 찾을 수 있는지 보여주고 싶어."

에미와 레니는 놀라 서로를 쳐다보았습니다.
서로에게 무엇을, 왜 원하는지 질문해보는 것만으로도
자기 자신에 대해서 그토록 많은 것을 배울 수 있다는 사실이
놀라웠습니다.

에미는 다시 물었습니다.
"좋아, 그럼 너에게 공동체가 그렇게 중요한 이유는 뭔데?"

레니는 오랫동안 생각한 끝에 드디어 대답했습니다.
"그 질문은 대답하기가 어려운걸. 그냥 그러길 원하니까
원한다고밖에는."

에미는 레니의 생각을 정리해보았습니다.
"결국 네 목표는 모든 레밍들이 공동체 안에서 기쁨을 찾도록
돕는 것과 관련이 있구나. 그리고 그 목표를 위해서 네가 할 수 있는
한 가지 방법이 좋은 강연가가 되는 거고."

"그래 맞아."
레니가 대답했습니다.

그는 자신의 목표와 진심으로 하고 싶은 일이 관계가 있다는 사실을
깨닫고 만족스러운 미소를 지었습니다.

그때 갑자기 레니는 점프 반대 모임을 떠나야 한다는 사실을 깨달았습니다. 그제서야 그 모임의 목표가 진정 자신이 원하던 게 아니라는 사실이 명확해졌던 것입니다. 레니는 자신이 전에는 한 번도 이러한 문제를 생각해보지 않았다는 사실에 놀라며 말했습니다.

"그래, 이거야말로 정말 생각해내기 힘든 문제야. 대부분의 레밍들이 절벽에서 뛰어내리는 것도 당연해. 그게 자기 자신을 이해하려 하는 것보단 훨씬 쉬우니까."

에미와 레니는 다시 조용히 생각에 잠겼습니다.

에미는 멀리 반대편 절벽에 있는 큰 나무를 다시 바라보았습니다.
그리고 자신의 목표에 대해서 다시 한 번 생각해보았습니다.
더 큰 세계를 열어줄 질문을 던져라, 새로운 삶의 방식을 찾아라……

그때 갑자기 에미에게 새로운 질문 하나가 떠올랐습니다.
"레니, 저기 맞은편은 어떤 곳일 것 같니?"

레니는 어깨를 으쓱해 보였습니다.

바로 그때 에미는 자신이 무엇을 해야 하는지 깨달았습니다.

5

레밍 점프 대축제

며칠이 지났습니다.

에미는 열심히 일하고 있었습니다.

"여기 있었구나, 에미. 모두들 너에 대해 묻고 있어.
내일이 점프 축제잖아."
레니가 말했습니다.

"나도 알아. 그 동안 쭉 일하고 있었어."
에미가 대답했습니다.

"일이라고? 나한텐 그냥 돌에다 나무 그림을 그려놓은 것 같은데?"

"그냥 나무가 아니야. 집중하기 위해 그려놓은 거야."

"그리고 고무나무 잎도 엮고?"

"응, 그래."

레니는 뭐라 해야 좋을지 몰라 더듬거리며 말했습니다.
"올해는 엘비스 프레슬리 흉내내기 경쟁이 꽤 치열할 거래……."

"잘 됐구나. 고무나무 잎 더 모으는 걸 도와주겠니?"
에미는 일에서 눈을 떼지 않으며 말했습니다.

레니는 순순히 고무나무 잎 줍는 일을 시작했습니다.

일을 하면서 레니는 이따금씩 에미를 슬쩍 쳐다보았습니다.

'어떤 것도 에미를 멈추게 할 수 없을 거야. 아마도 저것이 자신이 정말 뭘 원하는지를 깨달은 자의 모습일 거야.

우리 레밍들 모두가 자신의 목표를 알고, 자신이 창조하고 싶은 게 뭔지를 깨닫는다면, 함께 정말 많은 일들을 해낼 수 있을 텐데.'

그날 밤, 레니는 에미가 고무나무 잎을 엮는 것을 도와주었습니다. 그들은 각자 자신의 생각에 깊이 빠져 해가 질 때까지 조용히 일했습니다.

아침이 밝고, 드디어 점프 축제가 시작되었습니다.

해가 높이 솟자, 초원에 활력이 넘쳐나기 시작했습니다.

"레밍 점프 대축제에 오신 것을 환영합니다!"
한 나이 지긋한 어른 쥐가 확성기에 대고 크게 말했습니다.

"나는 백조처럼 뛰어내릴 거야."
레밍 한 마리가 말했습니다.

"나는 대포알처럼 빨리 뛰어내릴 거야."
또 다른 레밍이 웃으며 말했습니다.

"대단한 팀워크군!"
한스는 부페 테이블에 앉아 바비큐를 게걸스레 먹어대며 낄낄댔습니다.

"악~ 악~."
엘비스 변장을 한 쥐들이 빙글빙글 돌며 스카프와 도넛을 절벽 아래로 던지고 옷을 벗어대자, 아가씨 레밍들은 비명을 질렀습니다.

"점프 결사 반대! 점프 결사 반대!"
많은 군중들 한 구석에서 점결연 멤버들이 구호를 외쳐댔습니다.

에미도 행동할 시간이 됐습니다.

레니는 고무나무 잎으로 엮은 탄력 있는 줄을 새총처럼 생긴 나무에다 묶은 후 에미의 허리에 걸치게 도와주었습니다.

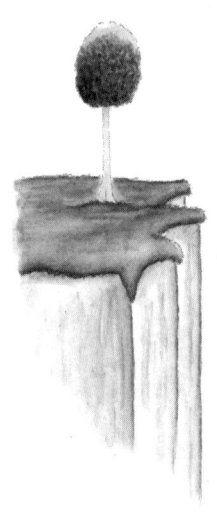

그리고 또 하나의 고무줄로 에미와 그녀 등뒤의 그루터기를
한데 묶었습니다.
이제 에미는 자신을 고정시켜주는 뒤쪽 고무줄을 갉아 끊어내기만
하면, 협곡 위를 높이 날아 그 나무가 있는 맞은편 미지의 더 큰
세계로 갈 수 있었습니다.

레니는 에미를 껴안으며 말했습니다.
"행운을 빌게."

그 순간 레니는 이제 에미와 헤어져야 한다는 사실을 깨닫고
슬퍼졌습니다.
에미가 그리울 것입니다.

에미는 드디어 줄을 갉아 끊기 시작했습니다.

그러나 그때 에미 자신도 상상하지 못했던 감정이
불현듯 일었습니다.

바로 망설임이었습니다.

에미는 뒤를 돌아보았습니다.

거기에는 자신이 이제껏 자라온 아름답고 푸른 초원이 있었습니다. 그리고 눈물로 뺨 주위 털이 다 젖어버린 레니가 있었습니다.

다시 에미는 앞쪽을 쳐다보았습니다.

절벽의 뾰족한 끝과 깊고 넓은 협곡, 그리고 맞은편의 그 나무가 보였습니다.

에미는 너무 두려워 온몸이 얼어붙었습니다.

자신의 허리를 감싸고 있는 고무줄의 팽팽함은 두려울 정도였습니다.
한쪽 줄은 에미가 꿈꾸던 불확실의 세계로 자신을 날려보낼 것이고,
다른 쪽 줄은 안전하고 편안하게 머물러 있게 할 것입니다.

에미는 갑자기 눈물을 터트렸습니다. 에미는 울면서 말했습니다.
"못 하겠어, 정말 못 하겠어."

에미는 아주 오랫동안 결정을 내리지 못한 채 거기 그렇게
매달려 있었습니다. 거의 숨조차 쉴 수 없을 정도였습니다.

"왜 모든 일이 이렇게 어려운 걸까? 원하는 것에 가까이 다가갈 때마다, 갑자기 그걸 가질 수 없다는 생각이 드는 건 왜일까?" 에미는 절망감을 느끼며 레니에게 말했습니다.

"그런 감정은 그냥 무시해버려. 그런 감정이 모든 걸 망쳐버리는 거야."
레니가 에미를 격려해 주었습니다.

"아니야. 내 감정을 속일 순 없어. 그러면 점프 반대 모임의 쥐들과 다를 게 없어."

이런 생각을 하면서 에미는 자신의 갈망이 조금 더 커지는 것을 느꼈습니다.

"점프 결사 반대! 점프 결사 반대!"
점결연 멤버들의 구호 소리가 들려왔습니다.

"자, 이제 모두 출발선에 서시고……준비……출발!"
출발 신호총을 쏨과 동시에, 어른 쥐들이 외쳤습니다.

"와아아~!"
레밍들은 환호성을 질러대며 절벽 끝으로 달려갔습니다.

"나도 해보고 싶어!"
한스는 신이 나 낄낄대며 절벽 끝으로 달려가 점프를 해버렸습니다.

점결연 멤버 중에서도 몇몇은 더 이상 유혹을 참지 못하고
절벽을 향한 이 광기의 대열에 합류해갔습니다.

"에미, 이제 선택해야 해."
레니가 에미에게 속삭였습니다.

에미는 숨을 깊게 들이쉬고, 자신이 정말 원하는 것들을
생각하기 시작했습니다.

에미는 맞은편의 그 나무를 쳐다보았습니다.

그리고 레니를 보았습니다.

그런 다음 마침내 에미는 줄을 끊었습니다.

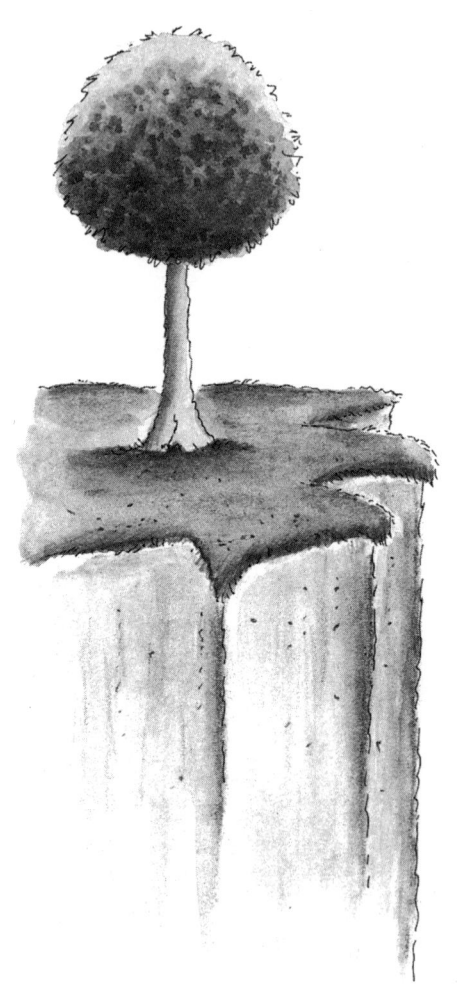

협곡 위로 날아오른 에미는 온몸으로 세찬 바람을 느꼈습니다.
에미는 맞은편 나무의 부드럽고 잎이 많은 가지를 향해 자신의 팔과 다리를 곧게 폈습니다.

그때 에미는 아래를 쳐다보았습니다.

협곡 아래에는 날카로운 바위가 있었습니다.
"안 돼!"
절벽에서 뛰어내리는 레밍들이 처할 운명을 본 에미는 숨을 헐떡이며 외쳤습니다. 그렇게 머뭇거리는 사이 코스를 벗어날 것만 같았습니다.

'아래를 쳐다보면 안 돼. 저 나무만 바라보자!'
에미는 스스로를 타이르면서, 시선을 무시무시한 절벽 아래에서
앞의 나무로 옮겼습니다.

에미는 고개를 들고 팔, 다리를 곧게 쫙 폈습니다. 그리고 목표지점을
향해서 바람을 탔습니다.

'휙' 소리와 함께 드디어 에미는 나뭇잎이 무성한 가지에
안전하게 도착했습니다.

그녀는 눈을 감은 채로 거기 가만히 누어 있었습니다.
에미는 주위를 둘러볼 필요조차 느끼지 않았습니다.

…… 왜냐하면 신기하게도, 에미가 상상했던 것보다 세상은 이미 훨씬 크고, 더 많은 가능성으로 가득 차 있다고 느껴졌기 때문입니다.

에필로그

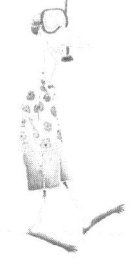

에미의 협곡을 가로지른 전설적인 비행 이후 초원의 모든 것이 바뀌었습니다.

레니는 다른 레밍들에게 그들의 공동체가 얼마나 소중한지를 보여주고, 레밍 각자가 공동체를 위해 할 수 있는 특별한 일을 발견하도록 격려하는 강연가가 되었습니다.

레니의 코치에 힘입어, 플레밍은 자신의 목표가 다른 레밍들이 다른 세계를 탐험할 수 있도록 돕는 일이라는 것을 깨달았습니다.

플레밍은 점결연을 해체하고, 레밍항공사를 세웠습니다.
바로 에미가 발명한 고무총을 이용해 많은 레밍을 한꺼번에 한쪽 절벽에서 다른 쪽 절벽으로 데려다주는 운송 복합기업이었습니다.

이 여행에 참가하는 레밍들은 갈수록 더 많아졌고, 그들 중 몇몇은 새로운 세계에서 발견한 좋은 음식과 다양한 물건들을 가지고 돌아왔습니다. 이것은 레밍 사회에서 물물교환 경제가 번창하는 계기가 되었습니다.

어른 레밍들은 절벽 점프가 그들의 소중한 전통이며 무리의 정체성이라고 주장하면서, 점프 대회 폐지를 반대했습니다. 그래서 해마다 많은 레밍들이 목숨을 건 절벽 점프를 계속했습니다.

그러나 레니의 강연으로 점점 더 많은 레밍들이 '왜' 라는 질문을 하며, 삶의 의미를 깊이 생각하기 시작했습니다.

한편 그 운명의 날,
절벽 점프를 감행했던 컨설턴트
한스는 심한 뇌진탕으로 뇌의 일부를
영원히 쓸 수 없게 됐습니다.
하지만 지금은 사회의 생산적인 일꾼
으로 변모해, 플로리다 키웨스트에서
스쿠버다이빙 여행 보트를 운전하고
있습니다.

그리고 에미는
여전히 질문을 계속합니다……

…… 그리고 매일매일
더 큰 세계와 새로운 존재 방식을 발견합니다.

끝

〈레밍 딜레마〉 깊이 읽기

나는 누구인가?
나는 왜 존재하는가?
이 세상에서 나의 목표는 무엇인가?
내가 창조하고 싶은 것은 무엇인가?

단순하고 짧은 이야기로 다루기에는 상당히 무모한 질문들입니다. 언뜻 보기에, 이러한 질문들 역시 너무 흔하고 단순해 보입니다. 그러나 놀랍게도, 너무나 많은 사람들이(그리고 많은 레밍들이) 이러한 문제를 전혀 생각해보지 않은 채 삶의 대부분을 허비합니다. 부끄러운 일입니다. 에미와 레니가 깨달았듯이, 이러한 질문 속에는 굉장한 힘이 숨어 있기 때문입니다. 여러분은 이러한 문제들을 깊이 생각해보는 것만으로도 여러분 내부에서 흥미로운 변화가 일어나는 것을 발견할 수 있을 것입니다. 이제 다시 한 번 이 질문들에 대해 곰곰이 생각해보십시오. 이 세상에서 자신의 역할이 무엇인지, 자신에게 가장 의미 있고 기쁨을 주는 것이 무엇인지 생각해보십시오.

나는 누구인가? 그리고 내가 창조하고 싶은 것은 무엇인가?

10단 기어에 놓고 살아가기

여러분의 인생을 어떤 일정한 속도로 달려가는 자전거라고 상상해 봅시다. 자전거 뒷바퀴에는 발전기가 달려 있어, 여러분이 페달을 밟으면 커다란 전구에 불이 들어옵니다. 또 여러분 주위에 똑같은 속도로 달리는 자전거를 탄 많은 사람들이 있으며, 그들도 모두 발전기와 전구를 가지고 있다고 합시다. 이 거대한 자전거 내열 속의 모든 사람들은 저마다 고르고 환한 빛을 내기 위해 열심히 페달을 돌립니다.

그런데 어떤 사람들은 기어를 1단에 놓고 완전히 지쳐 쓰러질 때까지 미친 듯이 페달을 돌리지만, 그들의 노력에도 불구하고 전구는 약한 빛을 내며 깜박거릴 뿐입니다. 한편, 어떤 소수의 사람들은 기어를 10단에 두고 훨씬 쉽고 편안하게 달리는데도, 그들이 발산하는 빛은 자신의 집과 이웃, 심지어 도시 전체를 밝힐 수 있을 만큼 환합니다.

스스로에게 한번 물어보십시오.

- 왜 어떤 사람들은 그렇게 많은 노력을 하면서도 자신의 삶에서 만족스러운 결과를 얻지 못할까요?
- 기어를 10단에 두는 것이 바람직하다면, 왜 모두들 그렇게 하지 않을까요? 기어를 10단에 두고 달리는 사람들과 그렇지 않은 사람들의 차이는 무엇일까요?
- 여러분은 어떤 그룹에 속합니까?

〈레밍 딜레마〉는 개인적 숙련(personal mastery)에 관한 이야기입니다. 개인적 숙련이란 삶에서 여러분이 원하는 결과를 계속 효율적으로 창조해가는 능력을 말합니다. 즉 기어를 10단에 두고 사는 것에 비유할 수 있습니다. 개인적 숙련을 실천하는 사람은 자신만이 세계에 기여할 수 있는 일이 무엇인지를 명백히 인식하고 끊임없이 성장합니다. 그리하여 의도했든 안 했든 주변 사람들과 세계 전체에 도움을 주는 결과를 만들어냅니다.

관심과 열정을 불러일으켜라

조직 내에서 개인적 숙련에 대한 논의가 활발해지면, 어떤 사람들은 회의적인 반응을 보입니다. 그들 생각의 요지는 개인적 숙련보다 긴급하게 처리해야 할 더 중요한 일들이 많다는 것입니다.

그러나 이렇게 생각하는 사람들은, 조직이란 결국 개개인들이 모여 구성된 단체라는 사실을 잊고 있습니다. 개인이 충분히 능력을 발휘할 때, 조직 또한 최대한의 성과를 거둘 수 있습니다. 레니가 했던 말을 떠올려보십시오. "만약 레밍들이 자신들의 존재 이유와 자신들이 무엇을 창조하고자 하는지 안다면, 정말 많은 것을 함께 이뤄나갈 수 있을 텐데." 개인적 숙련이란 지칠 줄 모르는 내적 동기부여에서 비롯된 힘에 의해 가능한데, 바로 이러한 힘이 조직의 끊임없는 혁신도 가능케 하는 것입니다.

앞의 이야기 속의 어른 레밍들처럼, 이제까지 수많은 조직의 리더들은 조직 구성원들이 연대의식을 갖도록 하기 위해 회사의 임무나 목표를 밝히는 기업사명문을 만드는 데 많은 시간을 투자해왔습니다. 그러나 그러한 사명문들이 냉담하고 수동적인 반응을 불러일으킨다는 사실은 그다지 놀랍지 않습니다. 회사 로비에 걸려 있는 액자 속의 사명문에는 어떠한 마력도 없습니다. 그것은 그 조직이 왜 존재하는가 하는 본질을 제대로 포착하지 못합니다. 게다가 직원들의 열망과도 별 상관이 없습니다. 그러나 근래에는 점점 많은 조직의 리더들이 개인의 차원에서 그리고 조직의 차원에서 그들의 존재 이유를 명확히 이해하기 위해 노력하고 있습니다. 그리고 '조직 구성원들은 그들 자신이 개인적으로 갖고 있는 관심과 열정이 회사의 비전과 조화를 이룰 때에만 완전히 회사의 비전을 받아들일 수 있다'는 새로운 자각을 하고 있습니다.

조직에서, 개인적 숙련은 단순히 개인적 차원의 문제가 아닙니다. 그것은 리더십의 문제입니다. 구성원들이 자신의 목표를 스스로 깨닫게 하고 개인적 숙련을 실천할 수 있는 환경을 마련해 줌으로써, 리더들은 조직의 목표와 직원 개개인의 목표 사이의 연관성을 강화할 수 있습니다. 헌신적이고 숙련된 직원을 보유하기가 점점 더 어려워지고 있는 이 시기에, 개인적 숙련을 장려한(그리고 다음 단계로 직원들이 비전을 공유하도록 한) 기업은 시장에서의 결정적 우위를 확보할 수 있습니다. 개인적 숙련이 개인의 차원과 조직의 차원에서 동시에 이루어질 때 놀라운 효과가 나타납니다. 즉 직원들의 태도가 "상사가 시켰으니 한다"는 식의 불평이 아니라 "내 일에 대한 믿음이 있고 관심이 있어서 여기 있다"는 식의 참여로 바뀌게 됩니다.

어떻게 비전을 공유하고 개인적 숙련을 조직에 적용할 것인가에 대해서도 많은 논의가 필요하지만, 여기서는 주로 개인적 수준에서 그것을 어떻게 실천할 수 있는지 살펴볼 것입니다. 본질적으로 개인적 숙련은 혼자만의 열정적인 노력으로 성취할 수 있는 것이며, 절대로 우연히 이루어지는 것이 아닙니다. 그것은 한 개인이 선택하여 떠나는 자아 인식의 여행과도 같습니다. 이제 여러분이 개인적 숙련을 시작하려 한다면, 먼저 자전거 페달 밟기를 멈추고 조용한 장소에서 진지하게 자신의 내면을 들여다볼 준비를 하십시오.

수면이 아니라 강바닥을 보자

　개인적 숙련을 시도할 때는 강가나 시냇가에 자리잡을 것을 권합니다. 물결이 아래로 흘러가면서 어떤 형태를 이루는지, 그리고 어떻게 흐름이 변하는지 유심히 살펴보십시오. 조금씩 물결치던 수면은 하류로 내려갈수록 점점 더 잔잔해져서, 마침내 매끄러운 거울처럼 움직임은 거의 찾아볼 수 없을 정도가 됩니다. 그러나 조금만 더 내려가면 고요했던 물결이 갑자기 소용돌이치고 고요함은 이내 혼란으로 바뀝니다. 물론 여기에는 다 이유가 있습니다. 강의 맨 하류 바닥에는 큰 바위나 쓰러진 나무 등이 있기 마련이고, 특히 어떤 지점은 물이 얕기 때문입니다. 그러나 우리는 종종 이렇게 물 속에 잠겨 있는, 숨은 구조를 보지 못하고, 단지 수면의 변화만을 볼 뿐입니다.

　여러분의 삶에도 이런 숨은 구조가 있습니다. 겉으로 보기에 여러분은 안정적으로 보일 수도, 혼란스러워 보일 수도 있습니다. 여러분 삶의 길은 굽이쳐 흐르기도 하고, 곧게 뻗어 내리기도 합니다. 기세 좋게 흘러내리기도 하고 제자리에서 맴돌기도 합니다. 그러나 여러분의 내면을 더 깊숙이 들여다본다면, 삶의 방향을 결정하는 보이지 않는 구조가 있음을 발견할 수 있습니다.

　레밍 이야기를 자세히 들여다보면, 레밍들의 행동을 예측 가능케 하는 많은 구조가 있음을 알 수 있습니다. 점프하려는 본능은 하나의 구조입니다. 또 레밍 무리의 문화적 압력과 사회적 기대, 어른 레밍들의 점프 명령, 그리고 레밍들이 절벽 근처에 살고 있다는 지정학적 위치도 모두 구조입니다. 이러한 모든 구조들이 상호작용하여 레밍들이 절벽 점프에 저항할 수 없는 환경을 만들어냈다고 할 수 있습니다.

에미가 깨달았듯이, 우리는 그러한 구조를 겉으로 드러냄으로써 우리의 삶을 형성할 새로운 가능성들을 발견할 수 있습니다. 그러한 구조가 여전히 우리 삶에 거대한 영향력을 행사할 수 있는 것은 우리가 그것을 인식하지 못하거나 인정하지 않기 때문입니다.

구조는 외적인 것일 수도 있습니다. 가령, 우리는 다른 사람의 행동에 영향을 받으며, 생물학, 법학, 지리학, 심지어 중력까지도 우리의 삶에 영향을 미치는 외적 구조를 부과합니다. 그러나 우리에게 더 중요한 것은 내적 구조입니다. 어떤 사람은 과거의 나쁜 경험 때문에 정신적 상처를 안고 있을 수도 있습니다. 또 어떤 사람은 다른 사람들보다 특별히 재주가 많습니다. 그리고 우리 모두에게는 드러내기를 한사코 꺼리는 자기 인식과 사고 모델이 있습니다.

삶에 대한 구조의 영향력이 이렇듯 강력하다면, 사람들은 어떻게 변화할 수 있을까요?

다시 강물을 예로 들어봅시다. 여러분이 강물로 연못을 만들려 한다고 합시다. 양동이로 강물을 퍼서 연못을 만들 웅덩이까지 나를 수도 있습니다. 또는 강물이 연못을 만들고자 하는 쪽으로 흐르도록 열심히 손으로 물을 퍼올리는 방법도 상상해볼 수 있습니다. 그러나 물론 이런 방법들은 별로 효과가 없습니다. 물만을 조정해서는 물의 흐름을 바꿀 수 없습니다. 그것의 구조인 강바닥을 바꾸어야 합니다. 즉 강에서 연못까지 새로이 깊은 도랑을 파서 자연스럽게 물이 도랑을 따라 흐르도록 해야 합니다.

이것은 당연한 이치입니다. 그러나 우리는 정작 우리 삶에서는 이렇게 하지 않습니다. 우리는 삶의 형식(form), 표면적 문제만을 조정하려고 합니다. 살을 빼고 싶으면 먹는 것을 줄이려 하고, 우울해지면 친구에게 전화를 걸거나 쇼핑을 하거나 영화를 봅니다. 점프에 대한 자신들의 강한 본능을 부정하고 싶었던 레밍들은 점프 반대 모임을 결성합니다. 이러한 모든 해결책은 자전거를 타는 사람이 전구의 불을 밝게 하기 위해 점점 더 빠르게 페달을 밟는 것과 비슷합니다. 그러나 이처럼 소모적이고 충동적인 전략은 공허하고 덧없는 결과를 만들어낼 뿐입니다. 지속적인 변화의 길을 발견하기 위해 우리는 더 깊이 도랑을 파 내려가야 합니다. 구조의 수준까지 말이죠.

생각할 거리

· 여러분의 삶에 영향을 미치는 여러 구조(생물학적, 생리학적, 경제적, 지리적, 사회적, 정치적 구조들. 또 여러분의 타고난 재능과 한계, 가족 경험, 그리고 자기 자신과 가족, 친구, 동료들에 대한 여러분의 믿음 등)의 예를 생각해보십시오.

· 위의 예에서 두세 개의 구조를 골라 각각에 대해 다음과 같은 질문을 해보십시오.
– 이 구조는 내 삶에 어떤 영향을 미치는가?
– 이 구조는 내가 스스로를 바라보는 방식, 다른 사람과 관계맺는 방식에 어떤 영향을 미치는가?
– 이 구조는 내가 효율적으로 능력을 발휘하고 더 큰 세상을 경험하는 데 어떤 영향을 미치는가?
(여러분을 잘 아는 사람이나 여러분에게 자세한 질문을 하며 도움을 줄 수 있는 사람과 함께 이 문제들을 깊이 생각해보십시오.)

팽팽하게 늘어난 고무줄처럼

로버트 프리츠(Robert Fritz)는 『최소저항의 길(The Path of Least Resistance)』에서, (우리를 원하는 곳으로 자연스럽게 이끄는) 완전히 새로운 구조를 창조할 때 비로소 우리 삶의 자기 파괴적이고 제한적인 구조에서 벗어날 수 있다고 하였습니다. 이것이 바로 최소저항의 길입니다. 물은 강줄기를 따라 흐르는데, 그것이 물의 흐름을 가장 쉽게 하는 에너지 방향이기 때문입니다.

우리는 최소저항의 길을 따라갈 때, 우리 삶에서 우리가 진정 원하는 것들을 최소한의 노력으로 끊임없이 창조할 수 있습니다.

이것이 바로 많은 놀라운 결과를 낳을 수 있는 혁신적인 사고입니다. 우리는 흔히 성공한 사람들은 우리보다 더 똑똑하고, 더 열심히 일하고, 더 끈기가 있어서라고 말합니다. 확실히 성공한 사람들은 이러한 특성을 가지고 있습니다. 그러나 이러한 특성들이 개인적 숙련의 핵심은 아닙니다. 개인적 숙련을 높은 수준으로 실천하는 사람들은 새로운 구조를 창조하는 데 익숙합니다. 그리고 이를 통해 자신의 목표에 자연스럽고 효율적으로 다가갑니다.

프리츠는 우리의 삶을 변화시킬 수 있는 강력하고 핵심적인 구조를 이야기합니다. 바로 창조적 긴장(creative tension, 프리츠는 이를 '구조적 긴장'이라고 불렀습니다)이 그것입니다. 여러분이 원하는 미래의 모습(곧 비전)을 명확히 하고 현재 상태를 깊이 인식한다면, 여러분은 원하는 미래와 실제 현실 사이에 큰 차이가 있음을 발견할 수 있을 것입니다. 지금 여러분이 서 있는 곳과 여러분이 서고 싶어하는 곳 사이의 이러한 격차가 긴장을 불러일으킵니다. 이러한 격차를 해소하려는 것은 긴장의 자연스런 성질입니다. 팽팽하게 늘어난 고무줄을 '탁' 하고 놓았을 때처럼, 미래와 현실 사이의 거리도 결국은 해소될 수밖에 없는데, 이때 우리를 끌어당기는 쪽은 비전입니다. 왜 정반대쪽 현실이 우리를 끌어당길 수는 없을까요? 그것은 끊임없이 변화하는 현재 상태보다 비전이 훨씬 안정된 구조이기 때문입니다. 비전을 명확히 하는 것이 중요한 것은 그 때문입니다. 강력한 비전이 없다면, 우리는 방향을 잃어버리고 긴장을 줄일 수 있는 어떠한 해결방안도 찾을 수 없게 됩니다.

원하는 미래의 상태 　　　현재 상태

창조적 긴장이란 개념이 생소하게 들릴 수도 있지만, 사실 이것은 지극히 자연스러운 것입니다. 앞의 이야기에서 에미가 창조적 긴장을 어떻게 사용했는지 주목하십시오. 에미가 절벽 위로 날아갈 수 있었던 것은 의지력 때문만이 아니라, 고무줄이 늘어나면서 생긴 팽팽한 긴장 때문이기도 했습니다. 이 고무줄의 긴장은 창조적 긴장이 지닌 힘의 시각적 은유입니다. 에미의 긴장감은 초원에서의 삶의 현실과 계곡 너머 새로운 세계를 열망하는 욕구 사이의 간격에서 발생한 것이었습니다.

혹 여러분이 깨닫지 못하고 있더라도, 여러분은 이미 창조적 긴장의 영향을 받으며 끊임없이 변화하고 있습니다. 강물이 흐르듯, 여러분도 어딘가를 향해 갑니다. 그러나 창조적 긴장을 잘 조절해야만, 여러분은 어디로 갈지를 스스로 결정할 수 있습니다.

창조적 긴장을 일에 적용하는 방법을 설명하기 전에, 먼저 창조적 태도란 무엇인지 그 의미를 알아보고, 또 반응적 태도와 창조적 태도의 차이점에 대해서도 살펴보도록 합시다.

원하는 것, 원하지 않는 것

우리의 생활방식에 영향을 주는 두 가지 기본적 태도가 있습니다. 반응적(reactive) 태도와 창조적(creative) 태도가 그것입니다.

점프 반대 모임을 결성했던 레밍들처럼, 우리는 종종 반응적 태도로 세상을 바라보고 계속 '원하지 않는 것'만을 이야기합니다. 이런 태도의 가장 큰 문제는 어떤 새로운 것도 창조할 수 없다는 것입니다. 반응적 태도를 가진 사람은 문제가 되는 것을 회피하거나 아예 없애버립니다. 물론 이러한 태도가 모두 나쁘다는 것은 아닙니다. 예를 들어 발에 가시가 찔렸거나 부엌에 개미가 있는 등의 상황이라면 반응적 태도로 대응하는 것이 적절할 것입니다. 그러나 반응적 태도가 생활양식으로 굳어진다면, 리더십을 발휘하거나 새로운 아이디어를 내는 등의 건설적 행동은 기대하기 힘듭니다.

반대로, 창조적 태도는 새로운 가능성을 발견하고, 끊임없이 변화하고, 계속 잘 적응할 수 있게 합니다. '창조적 태도를 갖는다'는 것이 반드시 '창조적이 된다'는 의미는 아니라는 것을 명심하십시오. 창조적 태도를 갖는다는 것은 바로 변화의 핵심 구조인 창조적 긴장 단계로 들어간다는 의미입니다. 이러한 태도로 세상을 사는 사람은 '내가 창조하고 싶어하는 것은 무엇인가?' '내가 정말로 만들어내고 싶은 것은 무엇인가?'와 같은 완전히 다른 유형의 질문을 합니다. 에미도 다른 레밍들처럼 절벽에서 뛰어내리고 싶은 자기 파괴적 본능을 느꼈습니다. 그렇지만 에미는 자신에게 가장 중요한 일에 집중하는 길을 선택했습니다. 그 결과 에미는 레밍 무리 전체에 새로운 가능성을 제

시할 수 있었습니다. 바로 이런 것이 창조적 태도의 성과입니다.

에미는 '나는 누구인가?' '나는 왜 여기 있는가?' 와 같은 질문을 함으로써 창조적 긴장 구조를 만들고, 새롭고 멋진 세상을 발견할 수 있었습니다. 여러분도 그렇게 할 수 있습니다.

생각할 거리

· 여러분은 직장이나 가정에서 어떤 태도로 살아갑니까? 창조적인 태도입니까, 아니면 반응적 태도입니까?

· 여러분이 만일 반응적 태도에 빠져 있다면, 어떻게 해야 창조적 태도로 옮아갈 수 있을까요?

· 여러분은 주로 어떤 상황에서 가장 창조적 태도를 갖습니까? 그리고 여러분이 창조적 태도로 임할 때, 주로 어떻게 생각하고 느끼고 행동합니까?

자기 자신을 안다는 것

가장 중요한 한 가지에 집중하며, 그것을 이루기 위해 끊임없는 열정으로 노력하는 사람을 보고 부러워해 본 적이 있습니까? 우리 모두는 그러한 사람을 동경합니다. 하지만 그들은 우리도 똑같이 가질 수 있는 목표와 비전을 통해 그렇게 하는 것입니다. 한 가지 차이점이 있다면 그들은 그들 자신에 대해 잘 알고 있다는 것입니다.

삶에서 자신이 진정 원하는 것이 무엇인지, 왜 그것을 원하는지를 정확히 안다는 것은 대단히 어려운 일입니다. 이러한 자기 성찰적 질문을 하면서 자신이 어리석다고 탓하지는 마십시오. 자기 자신을 안다는 것은 그리 쉬운 일이 아닙니다. 공자도 플라톤도 자기 자신을 알기란 어려운 일이라고 말했습니다. 앞에서 레니가 한탄했던 말을 생각해보십시오. "대부분의 레밍들이 절벽에서 뛰어내리는 것도 당연해. 그게 자기 자신을 이해하려 하는 것보단 훨씬 쉬우니까 말이야."

〈레밍 딜레마〉는 개인적 숙련을 추구하는 데 핵심이 되는 자기 인식의 두 가지 영역, 즉 목표와 비전을 제시합니다. 이 두 개념은 긴밀하게 연결되어 있으나 어떤 점에서는 중요한 차이점이 있습니다.

목표

- 목표는 "나는 왜 존재하는가?"라는 물음에 대한 답이다.
- 목표는 '발견'의 과정을 이끈다. 목표는 우리가 살아가는 동안 반복해서 스스로를 드러낸다.
- 목표는 지속적이다. 생의 대부분 동안 변하지 않는다.

비전

· 비전은 "내가 창조하고 싶어하는 것은 무엇인가?"라는 물음에 대한 답이다.

· 비전은 행동, '상상 · 발명 · 계획'의 과정을 활발하게 한다. 비전은 우리가 창조해내려 하는 어떤 것이다.

· 비전은 변한다. 우리는 일생 동안 여러 다른 비전을 추구할 수 있다.

이제 자기 인식의 이 두 영역을 더 자세히 살펴보도록 합시다.

나는 왜 존재하는가?

모든 시스템(그것이 생물이든, 기계든, 조직이든 간에)은 그것이 존재하는 기본적인 목표(이유)가 있습니다. 예를 들어 여러분 집의 수도배관 시스템의 목표는 물의 공급과 배출을 원활히 하는 것입니다. 나무의 목표는 햇빛을 받고 물을 흡수해 잘 자라나 생태계에 공헌하는 것입니다.

조직 역시 기본적인 목표를 위해 존재합니다. 예를 들어 월트 디즈니 사는 '사람들을 행복하게 하는 것'을, 코카콜라 사는 '세상에 활력을 주는 것'을, NASA는 '천체를 탐험하는 능력을 진보시키는 것'을 자신의 목표라고 말합니다.

인간도 하나의 시스템인 이상, 여러분도 당연히 목표가 있을 것입니다. 에미의 목표는 새로운 가능성과 존재 방식을 찾기 위해 끊임없이 질문하는 것이었습니다. 레니의 목표는 다른 레밍들이 공동체 안에서 기쁨을 발견하도록 도와주는 것이었습니다.

목표는 창조해내는 것이 아닙니다. 목표는 여러분이 언제 가장 기쁨과 만족감을 느끼는지, 또 여러분 삶의 어떤 부분이 가장 의미가 있는지를 숙고하는 과정에서 발견하는 것입니다.

자신의 목표에 대해 점점 더 많이 알게 될수록, 여러분 삶의 모든 영역에서('비전'을 포함해서) 그로 인한 시너지 효과가 일어납니다. 여러분의 직업은 단순한 직업이 아니라 여러분 자신과 떨어뜨려 생각할 수 없는 여러분 자신의 확장이 되고, 인간관계도 더 이상 수동적인 것이 아니라 서로 관심이 일치하는 사람들끼리의 즐거운 만남이 됩니다.

또한 모든 창조 활동은 자아의 의미있는 표현이 됩니다. 목표가 있는 삶은 에너지가 넘칩니다. 레니가 점프 반대 모임을 떠나야 한다는 사실을 갑자기 깨달은 것처럼, 목표를 명확히 알면 인생의 모든 어려운 결단을 확신을 갖고 내릴 수 있게 됩니다.

여러분의 목표는 무엇입니까? 여러분의 존재 이유는 무엇입니까? 이 질문에 대한 답은 오직 여러분 자신만이 할 수 있습니다.

여러분은 목표를 생각하는 과정에서 레니와 비슷한 실수를 저지를 수도 있습니다. 바로 목표를 성취하기 위한 방법과 목표 자체를 혼동하는 것입니다. 처음에 레니는 자신의 목표가 훌륭한 강연가가 되는 것이라고 생각했습니다. 그러나 그는 곧 자신의 더 깊은 목표가 다른 레밍들이 공동체 안에서 기쁨을 발견하도록 돕는 일이라는 것을 깨달 았습니다. 레니가 처음에 목표라고 생각했던 것은 자신의 진정한 목표를 이루기 위한 하나의 방법일 뿐이었습니다. 다른 레밍들을 돕고자 하는 레니는 또 다른 여러 방법으로도 목표를 이룰 수 있었습니다.

에미와 레니가 했던 것처럼, 여러분이 무언가를 원한다면 '왜' 그것을 원하는지 자문해봄으로써 목표와 방법을 분별해낼 수 있습니다. 예를 들어 여러분이 사업을 하고 싶다거나, 어떤 책을 출간하고 싶다거나, 혹은 대가족을 이루길 원한다고 가정해봅시다. 그것들은 모두 나름대로 좋은 목표들입니다. 그러나 여러분이 그러한 것들을 원하는 진짜 이유는 무엇입니까? 또 그러한 소망이 이루어졌다면 그것을 통해 여러분이 얻을 수 있는 것은 무엇입니까? 그런 목표가 여러분에게 중요한 이유는 무엇입니까? 반복해서 이러한 질문들에 대해 더 깊이 생각해본다면, 여러분의 목표가 명확해질 것입니다.

생각할 거리

· 여러분 인생의 목표는 무엇입니까?

· 여러분의 목표를 알기 위해 먼저 다음과 같이 해보십시오.

- 자신을 되돌아볼 수 있는 조용한 시간을 가지십시오.

- 이미 자기 자신의 목표를 분명히 인식하고 있는 친구나 주위 사람들과 함께 이야기해보십시오.

- 지금까지 여러분에게 가장 의미 있었던 사건이나 활동이 무엇이었는지 떠올려보십시오. 그러한 사건과 활동에서 어떤 공통점을 발견할 수 있습니까? 여러분의 목적을 더욱 더 깊이 이해하기 위해서는 이러한 점들을 어떻게 바라봐야 할까요?

내가 창조하고 싶은 것은 무엇인가?

이제 초점을 목표에서 활동의 영역인 비전(우리가 원하는 미래 상태)으로 옮겨가 봅시다. 에미가 계곡 너머에 있는 큰 나무를 겨냥했던 것처럼 우리는 자신이 원하는 것이 무엇인지를 분명히 알아야 합니다. 그래야 창조적 긴장 구조를 통해 앞으로 나아갈 수 있습니다. 구체적인 비전을 세우는 것은 여러분 각자의 몫이지만, 효율적인 비전에는 다음과 같은 몇 가지 특성이 있습니다.

· 비전은 구체적이고 명확히 인식 가능하다.

비전은 여러분이 마음속에 그려보거나 실제로 이루었을 때 '아하, 바로 그거야!' 라고 말할 수 있을 정도로 충분히 구체적이어야 합니다. 예를 들어 어떤 조직의 비전을 '조직 구성원들이 사회 참여의식을 갖는 것' 이라고 뭉뚱그려 말하기보다는 '우리 회사 사람들이 불우 아동을 돕는 단체를 결성하여 활동하도록 하는 프로그램' 이라고 하는 편이 더 명확하고 강력합니다.

· 비전은 여러분이 원하는 것이지, 원하지 않는 것이 아니다.

이 말은 간결하면서도 깊은 의미가 있습니다. 많은 사람들이 다이어트를 시도하지만 실패하는 이유는 그들이 '원하지 않는 것' 에 초점을 두고 있기 때문입니다.("나는 뱃살을 원하지 않아!) 점프 반대 모임의 레밍들이 그랬듯이, 우리는 종종 우리 삶에서 없애고 싶은 것들(점프 축제, 빚, 지겨운 직장 생활, 직장 상사와의 껄끄러운 관계, 핵무기, 기타

수많은 문제와 갈등)을 비전으로 정의합니다. 물론 이런 반응적 비전이 문제를 해결해줄 수도 있습니다. 그러나 반응적 비전은 존 F. 케네디의 창조적 비전(10년 안에 달 착륙 성공)이나 마틴 루터 킹 목사의 비전(언젠가 인간이 피부색이 아니라 인격으로 판단받으리라는 꿈)과는 전혀 다른 결과를 초래합니다. 창조적 비전은 무엇인가를 없애기보다는 강력하고 새로운 어떤 것을 창조하는 것에 초점을 맞춥니다. 이것이 지속적인 진정한 혁신을 가능케 하는 핵심 요소입니다.

· 비전은 과정보다 결과를 중시한다.

에미는 계곡 너머의 나무, 즉 그것이 상징하는 새로운 세계의 발견에 집중했습니다. 실제로 그 나무에 도달하기 위한 과정은 그 후의 일이었습니다. 비전은 궁극적 결과를 표현한 것(새로운 현실을 창조하자는 선언이나 이미지)이기 때문에 그 비전을 어떻게 이루느냐 하는 방법은 당장 보기에 불명확해 보일 수도 있습니다. 창조적 태도로 자신의 비전에 완전히 집중할 때 비로소 그 비전을 이룰 수 있는 길이 보입니다. 따라서 여러분은 변화과정에서 믿음을 잃지 않도록 노력하고, 또 비전을 추구하는 과정에서 자신의 직관 능력을 신뢰해야 합니다. 여러분이 오직 결과에만 집중할 때, 그 결과에 도달할 수 있는 길은 종종 스스로 모습을 드러냅니다.

· 비전은 단지 여러분이 원하니까 원하는 것이다.

깊은 개인적 숙련 과정에 있는 사람들과 얘기하다보면 그들이 심오하고 신비한, 경우에 따라서는 영적이기까지 한 어떤 깨달음에서 움직이고 있음을 느낄 수 있습니다. 앞에서 레니가 "왜 그걸 원하는진 잘 모르겠어. 그냥 그러고 싶으니까 원하는 거야"라고 말했을 때, 그의 내면도 이러한 상태에 이른 것입니다.

생각할 거리

· 여러분이 바라는 것이 실제로 가능한지 안 한지 개의치 말고, 여러분의 삶이 여러분이 원하는 그대로의 모습을 하고 있다고 상상해보십시오. 무엇이 보입니까?

· '여러분이 바라는 미래 상태'에 대해서 깊이 생각해보십시오. 그리고 자문해보십시오. "내가 창조하고 싶은 것은 무엇인가?" 불가능한 것까지도 포함해 마음껏 상상의 나래를 펴보십시오. 여러분이 창조해낸 것 중에 활기 넘치고 기쁨을 주는 것은 무엇입니까? 여러분이 열정을 느끼는 비전은 무엇입니까?

어떻게 목표와 비전을 조화시킬까

　목표와 비전은 잘 조화되었을 때 가장 강력한 힘을 발휘합니다. 앞의 이야기에서 레니의 비전은 다른 레밍들에게 동기를 불어넣는 훌륭한 강연가가 되는 것이었습니다. 이것은 다른 레밍들이 공동체 안에서 행복하도록 돕고자 하는 레니의 목표와 잘 어울렸습니다. 마찬가지로 에미는 더 큰 세계를 경험하고 새로운 시각을 갖게 도와주는 '질문하기'라는 목표가 있었기에, 계곡 너머의 세계로 가는 비전을 품었던 것입니다. 에미는 이 비전을 실현하고 나서 자신의 목표와 조화하는 또 다른 새로운 비전을 규정했습니다. 그것은 더 새롭고, 멀리 있는 세상에 갈 수 있는 한 쌍의 날개를 만드는 것이었습니다.

　또 목표와 비전이 조화됐을 때, 결정을 내리는 과정에서 놀라울 정도의 명료함을 경험할 수 있습니다. 그것은 마치 올바른 길이 저절로 보이는 것과 같습니다. 레니가 갑자기 점프 반대 모임을 떠나기로 결정했을 때처럼 말입니다.

　나는 비전과 목표를 아주 멋지게 조화시킨 한 여성과 이야기한 적이 있습니다. 그녀는 아동·가정 문제 전문가이며 재능 있는 강연가였는데, 삶의 목표가 무엇인지 묻자, 그녀는 "빛을 밝혀서 몰랐던 부분을 알게 하는 거예요" 하고 대답했습니다.

　"빛을 밝히는 거요?"

　"네, 재미있어요. 제가 상담하는 고객들은 저나 제 생각을 종종 등대 이미지에 비유해서 표현해요. 제 삶을 상징하는 하나의 은유죠. 제 이름도 '밝게 빛나는 별'이란 뜻이고요. 아주 정확한 비유라고 생각해요. 저는 사람들이 자신의 삶에서 중요한 진실을 발견하고 전에는 볼 수 없었던 사랑을 깨닫도록 도와줄 때 가장 행복해요."

"그럼 당신이 하는 상담이나 대중 강연은 당신의 삶의 목표와 어떻게 부합하나요?" 하고 내가 물었습니다. 왜냐하면 그런 활동들이 그녀에게 가장 중요해 보였으니까요. 그녀는 잠시 생각한 후 이렇게 말했습니다.

"그런 활동들은 단순히 제가 사람들을 돕는 하나의 방법일 뿐이에요. 저는 그 활동들이 제 목표와 일치하는 경우에만 그런 활동을 계속할 거예요."

요즘 그녀는 상담하는 일을 완전히 그만두고 어머니로서의 역할에만 충실하고 있습니다. 그리고 앞으로 몇 년 간은 아이가 세상을 기쁘게 배워가도록 돕는 데 시간을 투자할 거라며, 이러한 결정을 내리는 데 전혀 힘들지 않았다고 이야기했습니다.

우리는 자신의 목표와 비전을 더 명확히 이해하면 할수록 삶의 모든 영역에서 더욱 확실한 의도와 계획을 가질 수 있습니다. 내 동료 중에 '다른 사람들의 학습 능력을 길러주는 것'을 목표로 삼고 있는 여성이 있는데, 아주 평범한 일상에서도 이러한 경험을 한다고 내게 들려주었습니다.

"이제 나는 미팅이나 다른 사람들과 대화를 시작하기 전에, 반드시 내가 그런 상호작용을 통해서 이루고 싶은 것이 무엇인지, 그리고 그것이 내 목표와 부합하는지 아닌지를 먼저 신중히 생각하게 돼."

생각할 거리

· 여러분의 비전이 무엇인지 명확해졌다면, 다음 질문들을 생각해보십

시오.

"여러분의 비전은 여러분의 삶의 목표와 어떤 연관이 있습니까?"

이를 위해 다음 질문에 대해서도 생각해보십시오.

"나는 왜 이것을 원하는가? 나는 이것을 통해 무엇을 얻을 수 있는가?"

이제 여러분의 대답을 글로 적어보십시오. 그리고 다시 생각해보십시오.

"나는 왜 이것을 원하는가?"

다시, 대답을 적어보십시오. 이런 식으로 여러분의 목표를 더 깊이 깨달을 수 있도록, 점점 더 깊게 파고들어 가십시오.

비전에 집중하는 법

이제 여러분이 진정 원하는 것을 깨닫고 그로 인한 창조적 긴장이 생겼다면, 여러분이 경험하는 삶은 아주 달라질 것입니다. 그러나 우리들 대부분이 경험하듯, 그것이 그렇게 쉽게 일어나지는 않습니다.

창조적 긴장은 불안정한 균형상태입니다. 우리는 너무도 쉽게 창조적 긴장 상태에서 도망쳐나와 다시 반응적 태도로 돌아갑니다. 에미가 계곡 건너편으로 날아갈 때의 상황을 상기해보십시오. 에미는 그동안 갈망해왔던 미래의 목적지에서 눈을 떼고, 현재 자신의 모습과 상태를 고통스럽게 바라봤습니다. 이런 종류의 자기 파괴적 감정은 누구나 공감할 수 있는 경험입니다.

조셉 자보르스키(Joseph Jaworski)는 『공시성 - 리더십의 내면 세계(Synchronicity : The Inner Paths of Leadership)』에서 집중의 묘한 속성을 생생히 묘사했습니다. 어느 날 그는 사격훈련 연습장에서 스키트 사격(이동 표적 사격)을 하면서 고도의 맹렬한 집중 상태에 들어갔습니다. 그는 자세와 총의 감촉, 그리고 연습장 위를 날아가는 각각의 진흙 비둘기에 신경을 집중했습니다. 그는 그 순간에 완전히 몰입하여 차례차례 작은 공중의 목표물을 맞추어갔습니다. 문득 자보르스키는 이제 비둘기 한 마리만을 남겨두고 있음을 깨달았습니다. 한 마리만 맞추면 만점이었던 것입니다. 그의 사격에 놀란 사람들이 주위에 몰려들어 구경하고 있었습니다. 그는 만점을 받고 싶었고, 몰려든 사람들에게 강한 인상을 심어주고 싶었습니다. 그는 마지막 진흙 비둘기를 향해 마지막 방아쇠를 당겼습니다. 총알은 빗나가고 말았습니다.

아마 여러분도 테니스나 작문, 악기 연주, 또는 새로운 작업을 계획하는 일 등에 완전히 열중하여 그 일을 하면서도 전혀 힘들지 않았던 경험이 있을 것입니다. 그럴 때는 마치 자신과는 상관없이 일이 저절로 진행되는 것처럼 느껴집니다. 이런 일은 여러분이 진정한 창조적 긴장 상태에 있을 때 일어납니다. 이럴 때는 일의 과정을 통제할 필요조차 없습니다. 창조적 긴장으로 해결점을 찾고 장차 여러분이 바라는 미래 상태로 이끌리는 것은 대단히 유쾌한 경험입니다. 하지만 여러분이 고군분투하고 있다고 느껴지거나 비전을 실현하는 것이 어렵게 느껴진다면, 그것은 여러분이 비전에 집중하지 못하고 반응적 태도로 다시 돌아갔다는 신호입니다.

그러한 순간에는 의식의 두 가지 중심 질문, 즉 "나는 장차 어떤 곳에 있기를 원하는가?" "지금 내가 있는 곳은 어디인가?"에 초점을 맞추어 창조적 태도를 다시 갖도록 노력하는 것이 중요합니다.

원하는 미래의 상태   현재 상태

두번째 질문에 대해 좀더 생각해봅시다. 비전을 추구할 때는 여러분의 현재 상태를 끊임없이, 정직하게 평가해보는 것이 중요합니다. 나는 지금 어디에 있는가? 나를 가로막고 있는 장애물은 무엇인가? 내가 인지해야 할 도전 과제는 무엇인가? 창조적 긴장 구조를 방해하는, 내 안에 숨어 있는 신념이나 사고 모델은 무엇인가?

여러분 내면에 숨어 있는 신념을 끊임없이 드러내고, 그것을 여러분의 현재 상태의 일부분으로 인정해야만 그것의 거대한 영향력에 맞서 싸울 수 있습니다. 우리는 너무나도 자주 레니처럼 반응합니다. "그런 부정적인 감정은 그냥 무시해버려. 그러한 감정이 모든 것을 망쳐버리는 거야."(반응적 태도가 살금살금 기어오는 소리가 들리지 않습니까?) 그러나 에미는 그런 기분 나쁜 감정을 그냥 무시하기보다 자신의 창조적 태도를 충실히 유지합니다. 에미는 자신의 현재 상태를 인정하고 다시금 자신의 비전에 초점을 맞춥니다.

이렇게 행동하는 것은 쉽지 않습니다. 갈등 상황에서 에미처럼 행동하기 위해서는 용기와 끊임없는 자기 성찰, 그리고 현재 상태에 대한 정확한 인식, 비전에 대한 단호한 태도 등이 필요합니다.

비전을 이루기 위해, 우리는 하루하루 매순간 이렇게 자신을 알기 위해 애써야 합니다.

생각할 거리

· 비전의 실현을 방해하는, 여러분 자신에 대해 갖고 있는 신념은 무엇입니까?

· 비전을 실현해나가기 위해서 먼저 인식하고 인정해야 할 여러분의 현재 상태는 무엇입니까?

· 여러분의 비전을 실현하기 위해서는 어떤 구조, 관계를 형성해야 할까요?

자기를 찾아 떠나는 여행

나는 누구인가?
오직 나만이 유일하게 이 세상에 기여할 수 있는 것은 무엇인가?
내가 창조하고 싶은 것은 무엇인가?

여러분이 이러한 질문들을 생각하기 시작했다면, 여러분은 이미 절대 끝나지 않을 자기 발견의 여행을 시작한 셈입니다. 날마다 여러분은 자신만의 특별한 목표와 비전을 구체화해 갈 것입니다.

우리는 창조적인 사람을 조각가나 음악가, 시인 같은 어떤 특별한 사람이라고 생각하는 경향이 있습니다. 그러나 창조 행위란 여러분이 관심을 쏟아 존재하게끔 하고 싶은 것을 상상해보는 것을 뜻합니다. 이렇게 함으로써 여러분은 창조자가 되고, 여러분의 삶은 여러분의 영감으로 가득 채워지기를 기다리는 캔버스가 되는 것입니다. 자신의 삶을 능동적으로 창조해갈 수 있다는 것은 삶의 가장 위대한 특권 중 하나입니다.

다른 모든 여행처럼, 이 여행도 첫걸음이 중요합니다. 그 첫걸음을 옮기기 위해 스스로에게 이렇게 물어보십시오.

왜 나는 여기 있는가?
그리고 내가 창조하고 싶은 것은 무엇인가?

그룹 토론을 위한 질문

우리는 이제까지 개인적 차원에서 개인적 숙련의 원리를 탐험했습니다. 이러한 원리는 조직의 차원에서도 똑같이 중요합니다. 이제 다음과 같은 질문들을 여러분이 속한 팀이나 부서, 회사 등에서 토론해봄으로써 개인적 숙련을 조직적 수준에 적용해보십시오.

· 여러분의 조직이 개인적 숙련을 더 잘 장려하려면 어떻게 해야 할까요? 조직원들이 개인적 숙련을 추구하기 위해서 어떤 시스템과 구조가 뒷받침되어야 할까요?

· 여러분이 속해 있는 조직의 목표는 무엇입니까?

· 여러분의 조직은 어떤 비전들을 갖고 있습니까? 그 비전들은 조직의 목표와 어떤 면에서 일치하고, 또 어떤 면에서 일치하지 않습니까?

· 여러분이 속한 조직이 반응적 태도와 창조적 태도로 일했던 경우의 예를 각각 들어보십시오. 각각의 경우, 결과는 어떠했습니까?

· 여러분의 조직에서 창조적 긴장 구조(즉, 조직의 현재 상태를 충분히 인지하면서 비전에 초점을 맞추는 경우)가 일어났던 적이 있습니까? 조직 전체가 계속 비전에 집중할 수 있었습니까? 최종 결과는 어땠으며, 그 이유는 무엇입니까?

옮긴이의 말

한때 인구에 회자되던 말 중에 '복지부동(伏地不動)'이라는 게 있었다. 적당주의, 무사안일주의, 보신주의가 팽배한 공무원 사회를 풍자하던 말이다. 경쟁과 생존이 최고의 미덕인 일반 기업체의 경우도, 사정은 별반 다르지 않다. 구조조정의 칼바람 앞에 당장의 불이익이 두려워 그저 '위에서 시키는 대로' 할 뿐이다. 거기에는 어떠한 창조적 태도도 찾아볼 수 없다.

『레밍 딜레마』의 주인공 에미는 그런 우리들에게 질문을 던진다. "당신은 왜 지금 여기 있는가? 당신이 정말 하고 싶은 것은 무엇인가?" 하고.

그렇다. 누구에게나 자아실현이라는 커다란 꿈이 있다. 그러나 우리 대부분은 생활의 요구에 따라 그 꿈을 유예하며 산다. 호구지책으로 다른 일을 한다. 언젠가는 정말 하고 싶은 일을 하리라 다짐하면서……. 하지만 그렇게 사는 것은 자전거를 1단에 두고 달리는 것과 같다. 열심히 페달을 돌리다 결국 모든 것을 소진한 채 쓰러지고 만다. 어떻게 하면 10단에 두고 느긋하게 달리면서도 커다란 성과를 얻을 수 있을까? 그것은 바로 자신이 진정으로 원하는 것을 하는 것이다. 자신의 목표와 비전을 깨닫고 그 길로 매진하는 것이다. 그때서야 우리는 진정 창조적이 된다. 우리의 삶은 예술이 된다.

우리 기업들이 하루빨리 깨달아야 할 것도 이런 것이 아닐까? 죽어버린 '사시(社是)'를 외쳐대기보다 살아있는 직원들의 열망과 관심을 일깨우고, 그들이 모두 공유할 수 있는 커다란 비전을 만들어내는 것 말이다. 더 이상 아무 생각 없이 절벽을 향해 뛰어내리는 어리석음을 되풀이하지 말고.

옮긴이 김철인은 서울에서 태어나 고려대 영문과 및 동 대학원을 졸업하고, 지금은 전문번역가로 활동 중이다.

레밍 딜레마

지은이 데이비드 허친스
옮긴이 김철인

초판 1쇄 발행 2001년 9월 25일
초판 3쇄 발행 2013년 8월 10일

기획실장 권형술 기획팀 연진희
편집장 진선희 편집1팀 이기홍 · 김수진 편집2팀 김경희 편집3팀 진용진 · 이주영
마케팅팀 임종익 · 차영호 · 구본산 · 최명희

펴낸곳 바다출판사
펴낸이 김인호
출판등록일 1996년 5월 8일 등록번호 제10-1288호
주소 서울시 마포구 서교동 401-1 5층
전화 322-3575(마케팅부), 322-3885(편집부) 팩스 322-3858
E-mail badabooks@dreamwiz.com
ISBN 89-5561-001-7 03320
ISBN 89-5561-000-9(세트)

* 값은 뒤표지에 있습니다.